U0515858

海上絲綢之路基本文獻叢書

粤閩巡視紀略·閩略（一）

〔清〕杜臻 撰

文物出版社

圖書在版編目（CIP）數據

粵閩巡視紀略．閩略．一／（清）杜臻撰．-- 北京：文物出版社，2022.7
（海上絲綢之路基本文獻叢書）
ISBN 978-7-5010-7667-3

Ⅰ．①粵… Ⅱ．①杜… Ⅲ．①海疆－歷史－福建－清代 Ⅳ．①K928.19

中國版本圖書館 CIP 數據核字（2022）第 087180 號

海上絲綢之路基本文獻叢書

粵閩巡視紀略·閩略（一）

撰　　者：〔清〕杜臻
策　　劃：盛世博閱（北京）文化有限責任公司

封面設計：鞏榮彪
責任編輯：劉永海
責任印製：張　麗

出版發行：文物出版社
社　　址：北京市東城區東直門内北小街 2 號樓
郵　　編：100007
網　　址：http://www.wenwu.com
經　　銷：新華書店
印　　刷：北京旺都印務有限公司
開　　本：787mm×1092mm　1/16
印　　張：9.5
版　　次：2022 年 7 月第 1 版
印　　次：2022 年 7 月第 1 次印刷
書　　號：ISBN 978-7-5010-7667-3
定　　價：90.00 圓

總緒

海上絲綢之路，一般意義上是指從秦漢至鴉片戰争前中國與世界進行政治、經濟、文化交流的海上通道，主要分爲經由黄海、東海的海路最終抵達日本列島及朝鮮半島的東海航綫和以徐聞、合浦、廣州、泉州爲起點通往東南亞及印度洋地區的南海航綫。

在中國古代文獻中，最早、最詳細記載『海上絲綢之路』航綫的是東漢班固的《漢書·地理志》，詳細記載了西漢黄門譯長率領應募者入海『齎黄金雜繒而往』之事，書中所出現的地理記載與東南亞地區相關，并與實際的地理狀况基本相符。

東漢後，中國進入魏晋南北朝長達三百多年的分裂割據時期，絲路上的交往也走向低谷。這一時期的絲路交往，以法顯的西行最爲著名。法顯作爲從陸路西行到印度，再由海路回國的第一人，根據親身經歷所寫的《佛國記》（又稱《法顯傳》）一書，詳細介紹了古代中亞和印度、巴基斯坦、斯里蘭卡等地的歷史及風土人情，是瞭解和研究海陸絲綢之路的珍貴歷史資料。

隨着隋唐的統一，中國經濟重心的南移，中國與西方交通以海路爲主，海上絲綢之路進入大發展時期。廣州成爲唐朝最大的海外貿易中心，朝廷設立市舶司，專門管理海外貿易。唐代著名的地理學家賈耽（七三〇～八〇五年）的《皇華四達記》記載了從廣州通往阿拉伯地區的海上交通『廣州通夷道』，詳述了從廣州港出發，經越南、馬來半島、蘇門答臘半島至印度、錫蘭，直至波斯灣沿岸各國的航綫及沿途地區的方位、名稱、島礁、山川、民俗等。譯經大師義净西行求法，將沿途見聞寫成著作《大唐西域求法高僧傳》，詳細記載了海上絲綢之路的發展變化，是我們瞭解絲綢之路不可多得的第一手資料。

宋代的造船技術和航海技術顯著提高，指南針廣泛應用於航海，中國商船的遠航能力大大提升。北宋徐兢的《宣和奉使高麗圖經》詳細記述了船舶製造、海洋地理和往來航綫，是研究宋代海外交通史、中朝友好關係史、中朝經濟文化交流史的重要文獻。南宋趙汝適《諸蕃志》記載，南海有五十三個國家和地區與南宋通商貿易，形成了通往日本、高麗、東南亞、印度、波斯、阿拉伯等地的『海上絲綢之路』。宋代爲了加强商貿往來，於北宋神宗元豐三年（一〇八〇年）頒佈了中國歷史上第一部海洋貿易管理條例《廣州市舶條法》，并稱爲宋代貿易管理的制度範本。

元朝在經濟上採用重商主義政策，鼓勵海外貿易，中國與歐洲的聯繫與交往非常頻繁，其中馬可·波羅、伊本·白圖泰等歐洲旅行家來到中國，留下了大量的旅行記，記録元代海上絲綢之路的盛况。元代的汪大淵兩次出海，撰寫出《島夷志略》一書，記録了二百多個國名和地名，其中不少首次見於中國著録，涉及的地理範圍東至菲律賓群島，西至非洲。這些都反映了元朝時中西經濟文化交流的豐富内容。

明、清政府先後多次實施海禁政策，海上絲綢之路的貿易逐漸衰落。但是從明永樂三年至明宣德八年的二十八年裏，鄭和率船隊七下西洋，先後到達的國家多達三十多個，在進行經貿交流的同時，也極大地促進了中外文化的交流，這些都詳見於《西洋蕃國志》《星槎勝覽》《瀛涯勝覽》等典籍中。

關於海上絲綢之路的文獻記述，除上述官員、學者、求法或傳教高僧以及旅行者的著作外，自《漢書》之後，歷代正史大都列有《地理志》《四夷傳》《西域傳》《外國傳》《蠻夷傳》《屬國傳》等篇章，加上唐宋以來衆多的典制類文獻、地方史志文獻，集中反映了歷代王朝對於周邊部族、政權以及西方世界的認識，都是關於海上絲綢之路的原始史料性文獻。

海上絲綢之路概念的形成，經歷了一個演變的過程。十九世紀七十年代德國地理學家費迪南·馮·李希霍芬（Ferdinad Von Richthofen，一八三三～一九〇五），在其《中國：親身旅行和研究成果》第三卷中首次把輸出中國絲綢的東西陸路稱爲『絲綢之路』。有『歐洲漢學泰斗』之稱的法國漢學家沙畹（Édouard Chavannes，一八六五～一九一八），在其一九〇三年著作的《西突厥史料》中提出『絲路有海陸兩道』，藴涵了海上絲綢之路最初提法。迄今發現最早正式提出『海上絲綢之路』一詞的是日本考古學家三杉隆敏，他在一九六七年出版《中國瓷器之旅：探索海上的絲綢之路》中首次使用『海上絲綢之路』一詞；一九七九年三杉隆敏又出版了《海上絲綢之路》一書，其立意和出發點局限在東西方之間的陶瓷貿易與交流史。

二十世紀八十年代以來，在海外交通史研究中，『海上絲綢之路』一詞逐漸成爲中外學術界廣泛接受的概念。根據姚楠等人研究，饒宗頤先生是華人中最早提出『海上絲綢之路』的人，他的《海道之絲路與昆侖舶》正式提出『海上絲路』的稱謂。選堂先生評價海上絲綢之路是外交、貿易和文化交流作用的通道。此後，大陸學者馮蔚然在一九七八年編寫的《航運史話》中，使用『海上絲綢之路』一詞，這是迄今學界查到的中國大陸最早使用『海上絲綢之路』的人，更多地限於航海活動領域的考察。一九八〇年北京大學陳炎教授提出『海上絲綢之路』研究，并於一九八一年發表《略論海上絲綢之路》一文。他對海上絲綢之路的理解超越以往，且帶有濃厚的愛國主義思想。陳炎教授之後，從事研究海上絲綢之路的學者越來越多，尤其沿海港口城市向聯合國申請海上絲綢之路非物質文化遺産活動，將海上絲綢之路研究推向新高潮。另外，國家把建設『絲綢之路經濟帶』和『二十一世紀海上絲綢之路』作爲對外發展方針，將這一學術課題提升爲國家願景的高度，使海上絲綢之路形成超越學術進入政經層面的熱潮。

與海上絲綢之路學的萬千氣象相對應，海上絲綢之路文獻的整理工作仍顯滯後，遠遠跟不上突飛猛進的研究進展。二〇一八年厦門大學、中山大學等單位聯合發起『海上絲綢之路文獻集成』專案，尚在醞釀當中。我們不揣淺陋，深入調查，廣泛搜集，將有關海上絲綢之路的原始史料文獻和研究文獻，分爲風俗物産、雜史筆記、海防海事、典章檔案等六個類别，彙編成《海上絲綢之路歷史文化叢書》，於二〇二〇年影印出版。此輯面市以來，深受各大圖書館及相關研究者好評。爲讓更多的讀者親近古籍文獻，我們遴選出前編中的菁華，彙編成《海上絲綢之路基本文獻叢書》，以單行本影印出版，以饗讀者，以期爲讀者展現出一幅幅中外經濟文化交流的精美畫卷，爲海上絲綢之路的研究提供歷史借鑒，爲『二十一世紀海上絲綢之路』倡議構想的實踐做好歷史的詮釋和注脚，從而達到『以史爲鑒』『古爲今用』的目的。

凡例

一、本編注重史料的珍稀性，從《海上絲綢之路歷史文化叢書》中遴選出菁華，擬出版百册單行本。

二、本編所選之文獻，其編纂的年代下限至一九四九年。

三、本編排序無嚴格定式，所選之文獻篇幅以二百餘頁爲宜，以便讀者閱讀使用。

四、本編所選文獻，每種前皆注明版本、著者。

五、本編文獻皆爲影印，原始文本掃描之後經過修復處理，仍存原式，少數文獻由於原始底本欠佳，略有模糊之處，不影響閱讀使用。

六、本編原始底本非一時一地之出版物，原書裝幀、開本多有不同，本書彙編之後，統一爲十六開右翻本。

目録

粤閩巡視紀略·閩略（一）

閩卷上　〔清〕杜臻 撰　清康熙經緯堂刻本…………………一

粤闽巡视纪略·闽略（一）

粤閩巡視紀略·閩略（一）

閩卷上

〔清〕杜臻 撰

清康熙經緯堂刻本

粵閩巡視紀畧

經筵講官工部尚書臣杜臻述

四月癸亥朔始畢粵事夬日甲子自潮州發九十里至黃岡又二十里至閩界之分水關詔安境也閩撫金公鋐候於關口先行請安禮乃及閩事議自分水關始循海而東歷漳泉興福而至福寧州

按閩地爲中國之東南隅而島番日本正值其

外元明以來時有寇擾故海防爲尤重其地在周秦時爲越國之支封漢元鼎間始列郡縣然兵制不可考吳長沙王孫策始立南部都尉於建安晉置典船校尉於福州唐開元十九年設泉山府兵至德間復置經畧寧海二軍宋置崇節保節二軍指揮及兵馬都監皆統之於郡守故當時典郡者有郡將之名元設萬戶府明高祖洪武二十年命江夏侯周德興經畧海上置

沿海五衛十二所曰福寧衛領大金定海二所曰鎮東衛領梅花萬安二所曰平海衛領莆禧所曰永寧衛領崇武福全金門中左高浦五所曰鎮海衛領六鰲銅山懸鐘三所其隙地支地控馭所不及者更置巡司以承其罅縫焉陸路之防既固又作烽火南日浯嶼三水寨擁戰艦以備躡寇之用景泰間尚書薛希璉奉命巡閱復增小埕銅山二寨謂之五寨互爲首尾迭相

呼應而苞桑之籌益密嘉靖四十二年巡撫譚綸以倭警屢作議設總兵及三路參將以福寧爲北路興化爲中路漳州爲南路而重五寨之權各置欽依把總以三舊寨爲正兵二新寨爲奇兵定爲分合哨守之制積弛一新隆慶間復設浯銅海壇二遊總萬曆四年始設南澳副總兵又置懸鐘遊總隸之於是五寨三遊各據要害頗稱良法矣福寧州北界浙省東臨大洋背

倚叢山上遊之要樞也故於烽火門置寨曰烽火寨外以聯絡浙兵而福寧衛大金所協守於內福州之閩安鎮綰轂海口蕃舶商艑交通羣聚省會之門戶也故於連江之定海所置小埕寨隸於南路而鎮東衛梅花所協守於內興化地處東南之隅曲倭艅入寇獨當其衝閩海之腰膂也故於莆田之東環奠置南日寨而平海衛及萬安莆禧二所協守於內泉州外連金廈

控引彭湖東蕃即臺灣匪茹糾結相倚為姦右掖之巖險也故於晉江之外洋置浯嶼寨隸於南路而永寧衛及崇武福全金門高浦中左五所協守於內漳州西界粵省前倚南澳東連金廈游氛往來控制不易旣越之襟喉也故於詔安之井尾澳設銅山寨而鎮海衛及六鼇銅山懸鐘三所協守於內明代兵制畧具於此崇禎間海寇劉香老為祟繼以鄭芝龍邊境騷然多事

其後芝龍就撫授爲潮漳總兵賫其扞禦海疆
稍靖　國初芝龍入朝其子成功復叛以金門
厦門爲巢出沒於同安海澄之間　王師撲討
同海漳泉皆宿重兵或駐滿甲不復因仍舊制
後頗議欵而成功益肆陸梁會
上初即位誅芝龍　下詔諸將一意討賊兵部尚書
蘇納海奉　命遷界自省城閩安鎮始北抵浙
界之沙埕六百七十里南抵粤界之分水關一

千一百五十里通爲閩邊一千八百二十里築塞固守禁民外出其入海之水曰潘渡河曰銅鏡河曰廉村河曰洋尾河曰大梅河曰赤頭河曰雲霄河曰開溪河皆斷而守之昔之寨遊衛所大率皆棄置是時靖南耿藩提兵一萬自粵徙鎮而又從納海之請加兵七千以壯居重馭輕之勢規制一變康熙八年都統濟實奉

命安兵稍拓舊邊然斗絕之境及諸洲島猶棄不守

實又請益兵
上不許止令移閩安一鎮於海澄而以戍守閩安責之藩屬旣而海逆內訌竊踞漳泉旋卽迅掃蕩平盡收舊境於是提鎮諸營皆移海外而內地之守星羅如故焉今各營現在抽防內地者則有
詔安營遊擊一守備一千總二把總四兵一千名舊額

雲霄營叅將一守備一千總二把總四兵一千名舊額八年督駐總兵

漳浦營總兵一遊擊三守備三千總六把總十二兵三千名八年移漳州總兵劉炎防守漳浦縣鍾等處駐札雲霄後分設二處

漳浦城守營叅將一守備一千總二把總四兵一千名八年係遊擊

海澄營副將一遊擊二守備二千總四把總八兵二千名元年以前不拘何處調兵三千防守元年議移汀鎮兵二千又加一千共

三千名防海澄其汀鎮另設後改用水師提督領兵门千防海澄八年提督奉裁兵歸陸營另移閩安鎮兵三千防守海澄

漳州營總兵一遊擊三守備三千總六把總十二兵三千名舊額

漳州城守營副將一遊擊三守備三千總六把總十二兵二千二百名

灌口龍江營叅將一守備二千總二把總四兵九百名灌口屬同安龍江屬漳州

同安營副將一遊擊二守備二千總四把總八兵二千名八年前因海上投誠兵一千八年又加一千

泉州陸營參將一遊擊四守備五千總十把總二十兵五千名

泉州城守營參將一守備一千總二把總四兵一千名

惠安營參將一守備一千總二把總四兵八百名

興化營總兵一遊擊三守備三千總六把總十二兵三千名

興化城守營遊擊一守備一千總二把總四兵一千名八年設二千名

福州蒜嶺營守備一千總一把總二兵二百名

福清營遊擊一守備一千總二把總四兵一千名舊從長樂調兵五百名元年議歸併長樂另設兵一千防守福清

長樂營遊擊一守備一千總二把總四兵一千

名舊分五百名守福清元年歸併長樂

閩安陸營參將一守備一千總二把總四兵一千名舊額陸營三千名元年加水營一千名總兵一八年調陸營守海澄

連江營遊擊一守備一千總二把總四兵一千名舊設兵一千分五百守羅源元年全調防羅另設兵一千守連江

羅源營遊擊一守備一千總二把總四兵一千名舊從連江撥兵五百名駐防元年全移連江兵一千駐防

福寧營總兵一遊擊三守備三千總六把總十

二兵三千名舊額八年同
桐山營遊擊一守備一千總二把總四兵一千名元年議福寧州地濶兵單應再添一千名擇要害地駐札
共二十二處其全營駐札不分調者則有
分駐厦門海澄水師提標叅將一遊擊四守備
五千總十把總二十兵五千名
駐札銅山總兵一遊擊三守備三千總六把總
十二兵三千名

桐山城守營遊擊一守備一千總二把總四兵一千名

駐札厦門總兵一遊擊三守備三千總六把總十二兵三千名

駐札金門總兵一遊擊三守備三千總六把總十二兵三千名

浯與營遊擊一守備一千總二把總四兵一千名

晉江營遊擊一守備一千總二把總四兵一千名

圍頭營遊擊一守備一千總二把總四兵二千名

平海營遊擊一守備一千總二把總四兵一千名

海壇營總兵一遊擊三守備三千總六把總十二兵三千名

駐札鎮東衛閩安鎮副將一遊擊三守備三千
總六把總十二兵三千名
凡十一處諸汛地多向所不守以新定添設重
兵與內地並存候閱定
乙丑粵督臣與祚撫臣士禎並詣行帳行請安
禮北向跪與祚奏曰臣自縣令蒙
皇上特恩擢臬司遷巡撫陞總督先在閩中鯨鯢未
靖臣曾捐軀血戰比至兩廣嶺表初平分遣將士

剪除餘孽今仗天威境內安堵臣於疆埸之事無可効力惟有潔已愛民赤心報國嚴加防守以固封疆伏祈天使代奏士楨奏曰臣蒙調巡撫幸遇昇平時和年豐境內寧謐但沿海居民雖經展界因海禁森嚴尚懷疑畏開墾無多今當

皇上特遣大臣將沿海田土給民復業所至歡聲載道三月之間遂已開墾一萬餘頃皆由

皇上至仁普覆大臣宣布得宜故能如此神速其餘

粵閩巡視紀略

尚有抛荒田地一萬餘頃臣等當率各屬捐給牛種資助貧民不過數年可以全復至於沿海小民多以捕魚為活應許其小艇輕筏附近採捕庶饑困可蘇伏祈代懇

睿鑒允行臣臻受辭謹識之二臣頓首辭去又行三十里止詔安是日與泉道丹達禮雲霄參將袁廷芝至

丙寅共登梅洲之八尺門望銅山

漳州府屬縣十濱海者四曰詔安曰漳浦曰海澄曰龍溪龍溪附郭元年畫界自粵界之分水關歷赤南山鳳山亭大輿寨至梅洲寨爲詔安邊邊界以外斗入海三十里懸鐘所附海十五里西張西岐嶺十里竹港梅嶺皆移共豁田地三百八十四頃有奇又平和縣豁免田地二十五頃錯壤也於梅洲寨因界設守八年展界安兵十一處分水關五十名十八葛十五名琉璃嶺五十名白馬坑二十名赤南山十五名洋林村千

總一兵一百名洋尾橋龜山把總一兵四十名
華寮十名懸鐘嘴五十名梅嶺千總一兵二百
五十名梅洲遊守千
把各一兵五百名　今從詔安營撥守四汛分水
關把總一兵五十名洋林寨千總一兵一
百五十名東洋尾河十一名龜山三十名　又從
漳浦鎮右營撥守八汛懸鐘把總一兵一百五
十名梅嶺把總一兵一
百名菜園浦十二名公子店三十六名梅洲寨
遊擊一千總一兵二百五十八名八尺門千總
一兵一百名江頭烈嶼誤應
汛七名烈嶼八名候閱定作鼠嶼

詔安縣宋爲南詔場有臨水驛元至正間右丞
羅良命屯官陳君用城之弘治間置千戶所正

德間設捕盜通判尋廢嘉靖九年設縣治相傳
名南詔者乃以風景類滇南云
龜山在縣西南二十五里上有巨潭禱雨多應
有石洞可容數十人山之西有潮漳分界巡司
度象頭而止山外即潮境矣
洋尾山有石井中有兩孔旱潦不涸溢
眞武山前有官輿其形如龜後即洋尾石橋其
形如蛇

大南山與龜山綿亘數里若巨屏然其巔產蘭疑卽赤南山

梅洲有大陂溪經馬洋至大陂南遶梅洲村復抵漸山入海漸山在縣東五十里高峭千仞頂分二峯有潭深不測宋進士翁待舉陳景肅楊仕謹仕訓讀書其中種榴數百株號石榴洞紹興間有吳大成者當秦檜柄國時隱居是洞講明正學與莆田相陳俊卿遊處仕訓考亭門人

也待舉葬其旁之甘嶺山土人號曰知州山以待舉嘗知瓊州軍故也今於梅溪築砦以守梅河遶其南渡河爲大梅山更南即海口名八尺門渡海面五六里得大洲金石洪淡二巡司及走馬溪在焉其東即銅山矣

走馬溪距懸鐘梅嶺各二十里

南澳遊故設欽總一員官署二一在南澳鎮之太子樓一在懸鐘所之宫前澳嶺戰艦三十四

兵九百十八名彭山雲葢寺走馬溪其信地也

太子樓在鎮城之東有後宅城閩人傳海寇林

道乾和人血築之

彭山有三島其居人四姓有上彭中彭下彭之

別在雲葢寺東大洋中水深三十餘托倭寇閩

粤來往所必經

懸鐘山斗入海中形如覆鐘相屬處如華蕚亦

爲孤峯舊於其處置所城爲周江夏所建堡屯

第一千一百九十名在詔安東南二十里有果老山在城中四面八山連環相向其南有宮前澳一名勝澳卽遊兵營汛防所駐也澳內可泊南北風船百餘又有東山望陽臺環所爲洲者七曰蛤洲獺洲敏洲紅洲臥岡洲陳洲蛇洲南三十里爲粤之拓林東行半潮水爲鷄母與甘山一名柑山在銅山南海中二山相對有大柑小柑之名山上有井水獨淡相傳仙人遺柑

其上山下水深二十餘托東番彭湖倭賊往來之區中有一礁曰羊礁舟至此宜愼用單坤針三更可至南澳旁有四嶼曰虎仔曰南村曰崎曰犬眠而柑山最奇遠望若一小髻天將風雨狀態百變若屏若屋若獅象之形

川陵山在銅山南半入於海相傳宋帝昺南渡將都南澳築此爲東京地陷爲海至今城堞尚存自山巔向海莫窮其際有屋材竹木時時浮

出潮退後居人駕舟取以爲薪其峯秀聳號曰蘇尖又號蒼陵又號東山其東隔海山若列屏曰杜潯科第踵出與是山相接者曰虎岡山峯巒秀麗曰揭榜山東湖水出其下

是日行七十里止雲霄丁卯行八十里止漳浦

元年畫界自梅洲寨歷油甘嶺高塘洋雲霄鎮大梁山高洋口苦竹嶺秦溪村荔枝園浯江橋趙家堡張坑至橫口爲漳浦邊界

以外斗入海四十里月嶼二十里舊洋附海三

十里虎頭山十五里埔頭十二里後葛司十里
洋尾橋杜潯七里舊鎮皆移共豁田地一千一
百六十三頃於荔枝園高洋口因界設守八年
展界安兵二十三處大水窟三十名樹洞把總一兵一百五十名長坑二
十名雲霄南岸廖家橋把總一兵一百名北岸
荷步千總一兵二百八十名廖家樓砲臺二十
名嶼頭二十名杜潯遊擊一千總一把總一兵
三百八十名南山十名眉田寨把總一兵八十
名苦竹十名荔枝園千總一兵一百三十名舊
鎮十名下嶼十名黃家寨把總一兵一百三十
名保安二十名赤水十名臺山十名南山十名
趙家城遊擊一把總一兵一百七十名將軍嶺

千總一兵一百六十名大帽山今從雲霄營撥南雞冠山二十名高山二十名守八汛　山尾十名埭仔頭十名廖家樓把總一兵五十名高塘十名荷步千總一兵六十名北輿十名下寨十名埔仔五名　又從漳浦鎮中營撥守八汛石峽仔十名輿頭四十名杜潯千總一兵二百名青墩把總一兵七十名杏仔三十名南山二十名山頭廟三十名眉田寨把總一兵一百五十名扈頭礁三十名　又從漳浦城守營撥守四汛　舊鎮把總一兵六十名六鰲五十名南景把總一兵五十名赤湖千總一　又從漳浦鎮左營撥守六汛　鎮海衞兵六十名　內大坑把總一兵五十名積美千總一兵一百名東坂把總一兵三十名連江千總一兵一百二十名

崎沙把總一兵五十名鎮海衛
遊擊一把總一兵三百五十名　候閲定

漳浦古名綏安縣孫吳永安三年置地在今雲霄鎮晉時猶存南越志云綏安縣北有連山昔越王建德伐木爲船其大千石以童男女三千人舉之既而人船俱墜於潭時聞拊船有唱喚之聲往往有青牛馳而與船俱見一名越王潭綏安縣不知何時廢唐垂拱二年復於雲霄之梁山下置漳州漳浦縣以漳水出其南故也開

元四年徙於李澳川卽今治也原屬附郭貞元二年徙州治於龍溪始爲支縣

李澳川其源有三一自平和五寨一自南靖龍嶺崎溪一自盤陀嶺九曲溪滙流於此川

雲霄溪源出平和南徑雲霄鎮一名西林溪

綏安溪在縣南八都東流合於李澳川

漳江自西林出海水自銅山來迎之淸濁合流而成章故名或云陳將軍謂此水如上黨之淸

漳故名

梁山在縣西南三十里有九十九峯其高千仞亦稱梁岳開元中鍾紹京作尉擇其可名者二十四峯以蓮花山爲中峯有齊帝石齊武帝所賞也帝嘗仕宋爲贛令晉安王子勛反糾之不從被囚南康郡獄族人蕭欣祖門客垣京等破械迎之出避難揭陽因至此有水晶坪以產水晶而得名有晉亭峯以葛洪居之得名開元十

二年十一月朔旦山出祥雲如天仙佛像麟鳳花草之狀彌亘百里經月方息是時天子封禪泰山都督辛子言以聞宋議郎吳與居於山麓多異書

雲霄山去粱山四十里以其高聳故名一名大神山俗呼大臣山山下即雲霄鎮山後有玉女仙人二峯

將軍山在雲霄城西與大臣山隔溪列峙唐戍

將陳元光居此元光字廷炬固始人父政以功拜玉鈐衛翊府左郎將高宗總章二年泉潮間蠻反政領嶺南行軍總管事出鎮綏安故地與許天正盧如金等三十人入閩保九龍山後得五十八人姓爲援進屯梁山外之雲霄鎮卜居火田村令如金屯雲霄之修竹里儀鳳二年政卒元光代領其衆元光通儒術習韜鈐年十三舉鄉薦第一及領州事廣寇陳謙結蠻酋苗自

成雷萬興等攻陷潮陽元光討平之永徽間嶺南盜起循州司馬高璇令元光赴潮潛襲寇壘俘獲萬餘嶺表悉平進嶺南行軍總管嗣聖二年請建一州於泉潮間益七閩爲八許之以元光父子世守南土邊民畏服令建漳州漳浦郡於綏安世守刺史元光又請以部曲馬仁等爲司馬從之境內稱治已而苗雷餘孽復熾元光討之爲賊將藍奉高所害事聞贈豹韜衛將軍

追封潁川侯後以數著靈異歷朝累封靈著順應昭烈廣濟王子珦字朝佩先舉明經授翰林承旨學士及元光被害率武勇襲殺藍奉高奉朝命代領州事凡十九年卒謚文英子酆字有芭舉秀才授寧遠縣令州人以刺史及伯梁不能共官詣闕舉酆代領州事許之遂命爲中郎將漳州刺史受事二十九年卒謚忠憲陳氏四世守漳皆能得民心至酆子謨而失其官朝命

郴少安爲刺史猶命謨以中郎將簡較本州别駕少安令謨白觀察盧謡議建州治於龍溪得請州治遂移而漳浦縣治李澳川如故謨後復以平廣寇功兼漳州刺史今將軍山下有陳王墓葢元光葬父政處相傳葬後相冢者言山有王氣元光改葬大峯山以避之宋宣和間有傭人林機詣縣官言陳王將徙冢反雲霄有磚一坎在曾賢院請遣五百人徙之發驗果然遂爲

徙磚詣故葬處越數日居人望見有數百人羣
作即之獨機在耳久之又見有旗幟鼓吹自峯
山來趨視之則新冢成矣由是居民益以爲神
山傍有火田溪即政初徙處也民至今燒畬以
田淳祐志載李氏者閨媛能詩有汲水詩云汲
水佳人立曉風青絲展盡轆轤空銀缾觸破殘
粧影零亂桃花滿井紅又書懷云門對雲霄碧
玉流數聲漁笛一江秋衡陽雁斷楚天濶幾度

潮來問過舟其地又有靈著王試劍石

盤陀嶺梁山之支壟爲入粤孔道舊置盤陀巡檢司漢爲南越之蒲葵關唐李衛公德裕貶嶺南過此作詩云嵩少心期杳莫攀好山聊復一開顔明朝便是炎荒路更上層樓望故關宋世號葵岡嶺有無象菴在其下前此山多逸象爲暴有頭陀吴姓祖華者搆菴久之民居日稠象跡遂絶因以名

臺山高數百尺平坦如臺近視與諸山齊海上舟人望之則見其特出羣峯上

大帽山在縣東北八十里高聳圓秀林木蓊鬱頂有黃茅若戴帽然又名戴帽山上有玉川瀑布新村石鼓龍漈潭寶珠石諸勝又有天湖悟道曾陀金山碧石龍雲石獅弘道八巖北行則爲海澄南行則爲鎮海衛

銅山所在五都一名東山明初易今名自縣西

南一百二十里至其地縱横各百里有城周江夏所築故設操屯軍一千一百九十名又有水寨欽總一員統戰艦四十五兵一千一百七十七名先置於井尾澳景泰間移此城依古樓山爲固三面阻海勢絶險嘉靖間海寇吳平引倭攻圍數月不能下自來科甲不絶稱文獻區古樓三峯中峯有南溟書院東峯有東壁書院城東西二澳各藏南北風船百餘東澳有塔寺曰東

門澳上多怪石產諸藥品有石室可容二十餘人一石如船一石如人戴笠其下激浪狂湧俗呼大驚門更東有五嶼相錯所謂鐵釘雞心虎窟空及銅坑銅鉢也藏北風船十餘南一山高聳曰蘇尖泊北風船十餘更南曰鱟殼澳泊南風船三十餘更南爲宮仔前泊北風船五十餘折而西爲士員與走馬溪泊南北風船五十餘商人往來及賊舟之自東番彭湖來者必於此

收泊南會哨於懸鐘北會哨於浯嶼六鰲古雷

井尾鎮海皆其汛地也

鼓雷山在縣東南五十里一稱古雷高出秀聳

爲銅山外翰有古雷後葛二巡檢司由杜潯後

葛油澳以達於古雷皆並海曲行峻崖險絶蓋

其地斗入海中如伸一臂也山瞰大海潮聲時

至有如雷鼓相傳葛洪嘗煉丹其上石竈猶存

後葛所以名也下有井旁多茶樹相傳宋幼主

嘗於此汲水煮茶擲棄餘瀋久而蒸生成林也

山根多惡礁舟觸之立碎南北泊船皆可二十餘天啓癸亥紅夷嘗至

沙洲在銅山東南海中泊北風船二十餘爲大洋外蔽商賈多行其裏西北對峙者曰杏澳近古雷可泊南風船五十餘萬曆己未賊袁進孝李忠率六十舟於此就撫

東墻萊嶼在沙洲東北海中二嶼相鄰而萊嶼

在其內冬月石礁涸出皆生紫菜故以名內有
井仔澳泊南北風船三十餘
六鰲所在縣東六十里如巨鰲戴岳亦曰鰲山
有城周江夏所建操屯軍一千一百九十名澳
口有沙線水落乃出可泊南北風船三百餘線
外又可泊五十餘內通舊鎮爲萑苻出沒之區
城東北五里許一山崫起曰虎頭山可泊北風
船三十餘扈頭礁苦竹寨眉田寨皆在其內萬

曆戊申紅夷駕夾板船入虎頭山擄一防弁至
天啓三年又至盤踞匝月五年爲賊鍾之鵬所
據廣賈路絕久之乃通其下有雙石生海中大
浸不沒又有雙洲如門廣船入閩必經此
將軍澳在東墻之西可泊北風船四十餘下有
礁曰將軍礁舟船遇之輒碎濱海人多乘桴以
取蠣相傳陳元光嘗駐兵於此或云古閩越王
號騶力等爲吞漢將軍使據險拒漢故以爲名

未知孰是海中島嶼甚多可指者曰魚腸嶼通鹿溪曰竹嶼有居民數百家曰石城嶼亂石欹壘若城曰大桑小桑土宜桑而人業漁今人多呼大嵩小嵩也有浮沉嶼視潮漲減爲小大漲若沉減若浮又有大澉小澉之屬嘉靖九年正月海中諸峯忽沒不見頃之三山併爲一峯屹立摩空作樓臺之狀三月乃巳蓋蜃氣云

青山巡檢司在將軍嶼之北亦一山斗入海者

自丹竈山鐵竈坑南行三十餘里平沙漠漠可泊南風船四十餘折而西爲燈火墩亦可泊南風船

井尾巡檢司在青山北南距鴻江四十里可泊船百餘內通白石赤瀏佛曇橋茬蒲所出沒澳口多礁巡船必避之非潮至八九分不可入鴻江者黄如江也訛爲鴻儒其出海處曰鴻江澳亦名鴻儒與天啓辛酉於其地設遊兵營把總

一員乙丑又設陸兵一營澳口多礁惟淺船可入又不利南風夏至後巡船輒棄井尾去防守孤弱窺窬益多有愁城之名

鎮海衞在鴻江南十里有城周江夏所築操屯軍四千九百名城三面環海大武山擁其後登雲龜嶺鴻岐五星諸山環其旁鴻江遶其南東椗南椗浮於前如龜魚泛水城中有山曰後山古山峪山㩧山蒼山又有七星井椰樹井民居

蕃富科第不絶太武山去衞五里一名太母山上有太武夫人壇相傳閩中未有生人時夫人獨先居此列仙傳云皇太姥閩人嫠女之精卽指此也其山周百餘里高千仞登其巔東望大海無際漳郡諸列城指掌可數其名勝有浴仙盆仙人跡旁大石刻象徑雲根洞五大字有延壽塔營搆甚工可坐十數人高數仞海泊望爲標的有紫石佛高約三尺其質蒼白上現紫點

如粟有小石城曰秦建德城又有錦亭峯石鐘樓九霄巖石眼泉及涅槃馬蹄百丈仙竈諸石焉衞左一石劈横亘海中曰岐尾臂之南北皆可泊舟然非風便利北船不得歷尾而南南船不得歷尾而北一遇撞猝必立碎也東椗在東北南椗在東南水皆深三十托賊自彭湖東番來者必以二椗爲標從二椗用未坤針四更可達大小柑山也衞之東門常塞有讖曰石狗吠

金雞啼東門開賊就來嘉靖辛酉一開而饒平賊張連卒至陷城大掠而去其旁有半洋洲在水底東接龜嶺西接南鎮與如遇風晴見白浪一條長百餘丈亦名白玉礁岐尾之北有白坑冬月北風飛沙四集一望浩然故以名西望中左北望料羅近望東椗遠望圍頭皆歷歷也澳內可泊北風船百餘彭湖遊汎常於此發棹焉又北爲島美今曰積美實島尾之訛耳舊有島

尾巡簡司屬海澄縣衛城中有鎮撫司署及五千戶署豫備倉軍器局儒學旗纛廟又有東瀛書院祀朱子又有陳布衣周翠渠兩先生祠布衣名眞晟字剩夫其先泉人篤志正學天順中詣闕上書翠渠名瑛字梁石其先莆人嘗知廣德州投紱歸與布衣同時講學鎮海故戎壘自有兩先生文風始盛兩家之先亦以戍至後遂占籍而長子孫也嘉靖中一齋豐先生熙由翰

死謫戍於此始自當事祠兩先生惠安張岳爲

立碑產石蟶生海底石孔中類蟶圓尖上小下

大殼類竹蟶而更紅紫石孔本小蟶長孔亦隨

大海人用小鐵鏨破石取之

戊辰行九十里止海澄施將軍烺自廈門來會

己巳漏下四鼓同登繳繒船過圭嶼涉海七十里

至廈門

元年畫界自橫卩歷洪礁獨石山關廂村蔡家庄至三叉

寨爲海澄邊界以外附海十七里陳輝村十二里甘輝村七里太江等皆移共豁田地七百八十四頃有奇於石馬洪礁團山三叉寨因界設守八年展界安兵八處團山把總一兵一百名太江二十名圳尾千總一兵二百三十名娘媽宮千總一兵一百二十名中權關口三十名上㘭泥港十五名石馬十五名福滸二十名今從海澄營撥守五汛三都把總一兵五十名參境把總一兵二十名橄欖嶺四十名青埔三十名海門山十五名又從漳浦鎮左營撥守三汛石馬遊擊一千總一把總一兵三百一十二名福滸千總

閩卷上

一兵一百四名三义河千候閱定
總一兵一百二十六名

海澄故爲龍溪漳浦地嘉靖九年都御史胡璉以姦民多闌出通番者請置安邊館於海滄委通判一員駐理而闌出者益不止二十五年都御史朱紈用副使柯喬議欲以海滄月港等澳耆民充捕盜備倭都指揮黎秀獨以爲不可已復上議曰近署安邊館乃益知姦民曲折其船皆造於外島泊於外澳或開駕以通番或轉售

於賊黨而嵩嶼長嶼漸尾海滄石馬許林白石等澳在在皆賊之淵藪也不亟窮治恐益滋蔓議上忌者羣毁之秀水官亡何倭果大熾遂改安邊館爲靖海館二十九年閩寇大起多據地以拒捕而月港亦爲賊巢官軍於海滄白石鎮海野馬井尾分道逐擊賊始敗遁參將王麟追及於古浪把總劉一桂追及於荆嶼斬獲數百擒賊首許西池等及倭衆三千餘海疆稍靖

四十二年以委員非專任特添設捕盜同知以治之四十四年用知府唐九德議即海防館設縣治割龍溪東境一都至九都之地及漳浦縣地以隸之營搆城署至隆慶元年乃成此剏邑所自始也蓋海之險在水有寘曲可以藏舟予自廣至閩歷詔安漳浦之境皆自西而東海在南面至漳浦之青山則折而北海在東面而歷鎮海衛復有支海蕩而西入過太江至月港而龍

江自東來會之海澄之爲邑卽在月港之曲故自來以險特聞也由是東行過龍溪歷同安晉江復爲自西徂東之路矣國初海澄爲寇據溝通其四面益成深阻黄梧來歸始内屬然寇猶迫處厦門嘗宿重兵駐防後又屢陷於寇副將段應舉死之葢以四面阻水運道易絶而賊駕舟薄城則甚便故也自督臣姚啓聖進克厦門邊患始息其地形北面阻海卽支海之内入者

城之北更築土城爲提鎭駐兵之所外爲總垣
環之穿其西北隅爲中權關別作鎭遠樓城於
東北月港環其東爲橋以屬於東門而廓帽鴻
福常春諸山聯絡於前稍東即鴻江山也由東
北出圭嶼則大海矣予由是以至厦門焉
月港通海潮其形如月番舶所湊
泰江䟽作太江一名南溪在縣東六里許自三
平經馬口城受漸山橡潯諸水滙爲龍潭至浮

宮入於海又有支港自南溪出接海門曰蘆沆港浮宮之潮逆流至南岐鋪頭山曰𠛕港今圍山圳尾洪礁厚境諸戍皆在其西

圭嶼在海澄月港之東周廻五里一山浮水如圭故名白圭嶼又名龜嶼其上雉堞象八卦之形取龜負圖意籌海重編誤爲鷄嶼蓋以閩人圭鷄同音故也晏殊類要云亦名赤嶼又名丹霞嶼以其上有石朝色如丹晚色如霞也乃清漳之門戶北爲濠門巡

司南爲海門巡司稍出爲倒港荆嶼自明世凡
石馬月港烏礁紫泥克龍惠民石美海滄洋船
出入必由此接濟勾引踪跡詭祕萬曆丁巳邑
令傅某因舊城擴置兵百餘人隸海澄營築浮
屠以備瞭望天啓壬戌紅夷五舟闌入登塔望
内地因復議增陸兵千餘人

海門山亦名胡使二嶼上下延袤數里綿亘一
二三都又名荆嶼與梁嶼與荆嶼與產荆木梁嶼古有

水人水馬產於此先有居民正統間知府甘瑛以民多執法徙其民於青埔社置巡檢司於五六都之地以控馭之今有戍兵

嵩嶼相傳宋幼主泊舟於此適遇誕節羣臣呼嵩遂以名

石馬鎮亦名石碼鎮在邑之西其北支海亦名錦江龍江之所委也許茂烏礁紫泥三洲星列迤邐而東其支海之北則爲橋梁尾嵩嶼長嶼

海滄許林頭諸境濠門廵檢司在焉即所割龍溪一二三都之地也今皆在界外支海之尾分南北流南流循邑治而東北流歷白石青礁石美自北岸東出合於南海籌海重編有衡龍廵檢司即充龍也省志無蓋已裁

青礁屬海澄白礁屬同安二礁相對皆有吳眞人廟在白礁者曰靈濟宮在青礁者曰東宮吳眞人者名本海澄人也生太平興國四年素食

不娶善療病求之者如市景祐六年卒感其惠
者肖像以祀會有虔寇禱於祠而賊曾死民賴
以安益神之部使者以廟額請賜名靈濟焉慶
元中封英顯侯開禧中加號英惠累封曾佑真
君祠祀徧於閩粵永樂十七年文皇后患乳嵒
危甚夢道人獻方用朱絲繞乳灸之問其名曰
閩人吳本居白礁方施藥未還也覺而如方試
之患良已皇后嗟異使人入閩求得廟處勑封

醫靈妙惠眞君萬壽保生大帝仍賜龍袍一襲

眞人生時嘗與其族孫同開黃駅山道經白礁

埋三缶刻盟章於其上旣歿而鄉人祠之雲嶠

側方築宮有役夫狂呼曰此非吾居龍湫之陽

吾昔有盟掘地得三缶青蛇蟠其中遂於其地

作東宮焉

元年畫界自三乂寨歷江東橋東尾九頭至蓮 馬髻山

花村爲龍溪邊邊界以外附海二十五里海滄

十五里烏白十里姚輿石尾等村俱移共豁田
地三百八十二頃有奇於龍江舖江東橋因界
設守八年展界安兵五處江東橋遊擊一千總
一把總二兵二百名
三乂河把總一兵一百名玉洲千總一兵一百
五十名石美城守備一把總一兵二百四十名
烏嶼今從灌口龍江營撥守十名
高浦港候閱定
十名
海澄故輿同安接境而龍溪在其內本非邊海
以海澄之北有支海內入故亦有遷界而龍江
其重鎮也龍江一水而數易名其源出延汀界

合寧洋龍巖漳平之水而下華峯又合長泰諸水滙爲潭曰漫潭兩山如壁渾弘淵涵流十餘里以其遠郡城之北也謂之北溪梁大同間有九龍遊戲其上故又名九龍江而龍溪邑名亦自此立矣宋大中祥符七年邑民綱魚見有神龜負珠出游因捕得之其珠圍三寸七分光彩燭天郡守危禛因改貢珠門爲還珠門淳熙初陳淳字安卿家於此學者謂之北溪先生溪流

又南遥香洲渡歷峡中出峡爲柳營江舊志云唐末王潮下泉福嘗駐兵故以名丁氏古譜曰六朝以來戍閩者屯兵於此插柳爲營江當海溪之交兩山夾峙可憑之以守西岸盡屬蠻獠唐揔章中陳元光代父政爲刺史始遣人從上流潛渡盡平諸蠻名其所居曰唐化里以此言之柳營之名其來舊矣宋紹熙間郡守趙伯逷始作浮梁以渡嘉定七年太守莊夏易以板橋

豐石爲址釃爲十五道而屋之名通濟橋嘉熙元年圮於火太守李韶易梁以石而不屋越四年乃成長三千尺址高八尺釃水亦十五道梁之跨於址者五十八長八十尺廣博皆六尺即今之江東橋也橋之西有柳營廵檢司橋之東有江東馬驛其橋又名虎渡橋明晉江陳讓記曰昔欲爲橋有虎負子渡江息於中流探之有石如阜尋其脈沉石絶江隱然魚梁乃因壘址

爲橋故名虎渡溪又南南溪來會之其會處曰福河俗名三汊河置戍營夾河而守在西者曰福河城屬海澄縣今又訛爲福滸在東者曰三叉寨焉南溪者以其遶郡之南而得名也源有二北源出禾溪永豐南源出銅壺小溪至南靖而合東逕康仙渡員山之陰又東過郡城南疏爲三台洲南橋亘焉又東過文山而會於北溪二溪合流入於海澄之支海龍溪縣置於梁與

地志曰隋開皇十二年併綏安蘭水二縣入焉

綏安溪在漳浦蘭水不知所在或云即南溪也

玉洲城在福河之北與海澄之許茂相對陳布

衣眞晟居之改名定山眞晟生於鎮海遷居龍

巖晩乃定居於玉洲即此地也其地初名坂尾

似即石尾籌海重編所謂石美亦此地也去坂

尾五里爲白石山山多白石故以名亦名鶴石

山有石巖可容千人

龍江舖今設龍江營亦在福河北

華封嶺即華峯在城北亦名龍頭嶺高千餘丈北溪經其下二十里爲九龍山其山北有九龍木宋陳堯佐詩人生五馬貴山有九龍游是也別有九龍嶺通潮州其下木棉菴即宋鄭虎臣殺賈似道處

庚午登白石嶺望金門白石嶺者廈門之主山也連上三嶺乃至絕頂仄徑斗絕海風飄蕩欲引人

去四望大海羣山環匝眞海外要區也

辛未自廈門登舟過高嶇遇大風歷劉五店洒洲

宿石潯海岸同安境也去縣二十里

泉州府領縣七邊海者四曰同安曰南安曰晉

江曰惠安晉江附郭元年畫界自蓮花村歷烏

頭孤山鳳尾山灌口寨苧溪橋方坑嶺浦

頭頭寨石潯蹈石山三忠官巖山店頭舖至小

盈爲同安邊界以外附海二十里埕頭潯尾

十五里馬鑾唐厝港五里鼎尾皆移共豁田地

一千九百四十一頃有奇於灌口寨苧溪蹈石山設兵駐守八年展界安兵十四處通津山千總一兵二百名文圃山嘴十名周山窰把總一兵九十名灌口千總一兵一百三十名前廠二十名烏頭山十名下店守備一把總一兵一百七十名板橋十名美人山十名西岸窰頭五十名東岸石潯千總一兵一百四十名對窰頭後社十名馬家港守備一把總一兵二百三十名龜山二十名今從同安營撥守五汛潯尾把總一兵二百名劉五店把總一兵一百名下店把總一兵一百名石潯把總一兵一百名大嶝二十名候閱定

同安縣唐爲大同場閩王延鈞僭號升爲縣綰

典間始築城其形東西廣而南北隘如銀錠故名銀錠城又城南溪有二石銅色而魚形故又名銅魚城

大輪山在城東有畏壘菴朱子爲主簿時所作也朱子嘗名其廨中之軒曰高士又聚徒講學於菴中各爲文以記菴傍有梵天寺公所嘗遊處也嘗書十六字於法堂中曰靈光不昧萬古巍猷入此門來莫存知解又有戰龍松三大字

鐫於石壁絕頂眺望最勝處有隸書極目二字焉

大鳳山在城北三十里山勢延袤形如鳳翅故名朱子嘗有詩云門前寒水青銅闕林外晴峯紫帽孤記得南垞通栁浪依稀全是輞川圖

文圃山在城西六十里與海澄接境南濱大海四望圓秀號十八面山以多文士故名唐謝脩與弟脩讀書於此脩登文德五年進士詞藻過

人南唐主簿洪文用與族人洪澤宋皇祐元年
進士石賡崇寧間石蕡皆居此嘉定間鄉人楊
志作三賢堂祀脩文用及蕡西蜀何致一爲記
有龍池滿慈院建於其上賡爲之記曰文圃山
土無頑石木無荆棘層巒壘嶂之間松蘿幽邃
翠色如畫深洞長谷自然天成佛氏之祠幡刹
相望以雲名者九四曰雲嶽雲峯雲泉雲嶠皆
其支峯也又里許爲夕陽山其山在西方最高

遥接落日故名上有遁跡巖唐宣宗嘗龍潛於此依黄蘗禪師於眞寂寺作詩云惟愛禪林秋月空誰能歸去宿龍宫夜深聞法食甘露喜在蓮花世界中按福清縣黄蘗山已載此事洪州宜州亦載之

苧溪山去城西三十里下有苧溪出白桐嶺蟠蜷所蟄色多黑爲涉者病大觀中邑人徐誠始爲橋唐宋時虎豹所窟穴今則坦途矣山下有

陳婆陂亦唐宣宗命築云宣宗微時有陳婆進麥飯問之曰旱田所産帝郎位命有司築陂曰蘇營陂灌田數百頃俗訛爲陳婆

五通嶺在縣東宋幼主避元兵至泉閒蒲壽庚之亂止郡城北法石寺越過城南下輦郎今下輦陂是也過五都龍窟有三巨石連接水中由此登舟謂之御路石又至莊坂尾是謂五通嶺路傍二大石高四五丈如門文天祥大書龍門

二字刻石龍窟亦以朱圭得名
⿰氵丙洲嶼在縣南海中周圍二里以在邑之丙位故名稍東有白嶼周四里縣治東西二溪之水經此南下其傍又有鼠嶼海澳盡處即石濤也
白礁巡簡司錯入龍溪境負山面海陸行崎嶇咫尺不易度水道則瞬息耳頗爲匪類所窟宅
高浦千戶所有城周江夏所築故設操屯軍千二百五十八名西距馬鑾東有深青驛稍南即

潯尾也爲邑之西南障轄墩臺七前有寶珠嶼與
沙嶼也可插竹深入丈餘風飈水漂沙聚自若
劉五店北爲同安港西爲五通白嶼南爲烏沙
烈嶼東爲澳頭大嶝再東爲角嶼門嘉靖壬戌
倭從此入天啓四年設把總於石潯尋議撤以
省餉諸境遷海時俱在界外

大嶝嶼廣五十里有沙路可通內地兩涯相去
七八里宋建隆初里人葉祝甃石爲路疏橋以

逼潮汐已而圮乾道中僧宗壽欲修之尋卒見夢於其侶道震卒續成之路長千三百丈爲橋六

小嶝嶼在大嶝外其地有鍾山宋時嘗創章法阬山之北爲丘釣磯先生隱居處先生名葵生宋季有文名元遣御史馬伯庸來徵托治圃自匿伯庸率達魯花赤齋幣至家力辭不屈伯庸不能奪悉取其所著書以去今沙間有大磐石

相傳爲先生釣石又有天與石方二尺許上鐫棊局及字一行云萬機分子路一局笑顔囘亦云先生筆也又有仙人井在沙間石上潮至即没潮退即現甘洌如故日可給四五十舟

厦門者乃嘉禾與地與在海中屬嘉禾二十一都至二十四都以曾產嘉禾故名廣袤五十餘里去縣七十里中左所城建其上故設旗軍千二百四名城南三里有厦門港遶城之西與鼓

浪嶼鹿耳礁相對爲中左之門戶明初有水寨在浯嶼設欽總一員後以其孤遠移入廈門而寨名仍舊焉中左之境東抵烈嶼金門南至大小擔嶼西接海澄五嶼北至同安內港與高浦相望遠嶼墩臺凡九曰廈門在東曰東渡曰高崎在北曰流礁曰五通在西曰東澳曰徑上曰井上曰龍烟在南籌海重編有高浦塔頭二巡司志不載其汛地則惠安之崇武晉江之祥芝永寧圍頭同安之

料羅曰最衝惠之獺窟同之官澳曰次衝其會
哨南會銅山於擔嶼北會南日於湄洲爲首尾
聯合之勢後又設浯銅遊把總一員統戰艦二
十二兵五百三十六名駐中左分兵二哨一屯
舊浯嶼一屯大擔視賊所向隨方策應此當時
戍守之舊也天啓壬戌癸亥間以紅夷寇掠置
厦門銃城一曾家澳塔頭銃城二别設戍兵尋
以省餉罷　國朝久爲寇踞近始廓清帥府建

牙雄踞海外不侔於前代矣其中名勝有無盡巖五峯錯峙而最高者爲洪濟山上有方廣寺雲頂巖晴霽可見日本又曰留雲洞兩傍倚石爲門上覆片石曰一片瓦雞鳴登之可候日出也又有山高懸如蜂窠山前海中有七星石森列海面山麓洪塘有龍洞相傳有龍穿地而出上分三竇下通爲一或於其傍作龍湫亭西北有嶺曰薛嶺嶺之北唐薛沙居焉沙父曰令之

本長溪人沙爲龍溪尉因卜居於此嶺之南唐陳贍居焉贍頴川人十歲能詩領鄉薦凡十八應南宫試不第值黄巢之亂避地於此遂有南陳北薛之名贍讀書堂側有石高十六丈上刻談玄石三字土人呼其地曰塲老山薛嶺之下曰薛浦浦外有嶼曰離浦以其離於薛浦也度可在高崎西北又有動石在賞𥶃港中潮至則自動又有浮沉石潮漲不沒潮退反沉奕將風

其上輙有吼聲土人又呼爲石虎礁有官柴石在龍烟墩宋幼主過此民有餽獻者悉予官陸丞相秀夫書官柴字刻之

鼓浪嶼縱横七里在廈門之西圭嶼之東南望大擔北鄰猴嶼上多民居明初與大嶝小嶝俱徙成化間復舊約二千餘家率皆洋商也天啓壬戌紅夷駕巨艦攻圍把總宋九龍率居民力拒殊死戰斬酋長一人餘衆遁去撫軍行視戰

處勤詩紀之因築銃城置戍兵一營尋以餉絀罷大石壁立刻鼓浪洞天四字旁有巖曰日光巖又有黃牛嶼沙埂屬廈門日龍腰渡古讖曰龍腰斷黃牛平嘉禾出公卿[illegible]擔嶼有二曰大擔圍五里曰小擔圍四里在嘉禾之南西界浯嶼東鄰烈嶼二洋歸舶至此如入玉門澳內可容南北風船五十餘宋幼主過此舟膠不能去擲棄累重以輕其舟時有光發

水上漁人往往得古硯其旁又有檳榔嶼

烈嶼在金門之西中左之東周三十里閩海實錄作百餘里誤居民三千餘家南有城仔角西有青崎東有湖下諸澳環之在在可登地皆斥鹵島民航海爲生遠出彭湖東番走死地如鶩城仔角可泊北風船四十餘天啓初紅夷入犯皆泊此嘗設兵二百戍之以餉絀罷地有吳山樓山牧山湖山吳山最大唐挪晃嘗置牧監於此故有牧

山之名舊置烈嶼巡簡司築城以居與金門並峙[illegible]舊浯嶼在擔嶼西南海中北至中左南至鎮海各半潮水周圍五里地屬海澄縣居民二千餘家稍折而內入爲島尾阜崎破竈洋爲盜賊出没之區海澄中左門戶也明初設水寨公署於此成化間徙廈門嘉靖二十七年賊首洪澤珍勾倭入犯盤據舊寨爲巢徧歷興泉漳潮之境

旁大磐石命武襄大猷署所篆時亭其上以望海海中有島天將雨則明現晴則月光晶晶反隱不見號曰變山有五湖曰許坑曰湖山曰湖頭曰赤庭曰湖尾今赤庭湖尾已淤為田餘猶在也海中礁石潮落時見馬跡相傳唐時有陳姓者善牧馬馬大蕃息客來市馬者計所市之多寡倍與之及渡海仍得所市之數而已人以為神卒而祀之曰馬牧王廟

壬申登陸行九十里止大盈是夜大雨

元年畫界自小盈歷東嶺至大盈爲南安邊邊

界以外斗入海三十里石井附海十里雞籠山

等村皆移共豁田地三百七十二頃有奇於大

盈設守八年展界安兵四處小盈七十名歌髻山三十名雞籠埔千總一兵二百四十名雞籠山二十名今不設守候閱定

梁置南安郡今泉郡之地皆屬焉隋廢郡改爲

縣唐開元中一析爲晉江縣再析爲大同場二

析爲桃林塲四析爲小溪塲而縣非舊境矣故
無城嘉靖三十七年縣被倭寇始築城
石井在四十三都在縣南八十里故設巡簡司
山勢斗拔寨門外即大海也同安之浯洲晉江
之安平商船往來必由此西即歌詣山南有營
前澳北有紅漸山而鷄籠山又在其北太盈鋪
古名大榮以唐嗣聖間嘗設武榮州故名以音
同致訛又有武榮鋪東嶺鋪

囷山在縣西秀銳圓拔如囷風雨輒聞雷聲在
囷發航海者識以爲準
靈岳祠在九日巖祠樂山神唐咸通中有僧募
木作佛殿遇老叟爲導得大木於未春之樂山
又遇暴漲木自浮至囷祠之於此水旱致禱海
船祈風多奇驗宋累封通遠王又加封善利廣
福顯濟王宋時泉有市舶司每四月十一郡守
同市舶提舉率屬以禱宋宣和二年命市舶提

舉張佑齋御香請廟焚之

癸酉行六十里次泉州府

元年畫界自大盈歷龍源山鷓鴣寨後渚澳至洛陽橋爲晉江邊邊界以外斗入海五十里福全所三十里永寧衞二十里祥芝澳十里東石澳俱移共豁田地一千二百五十二頃有奇於觀樹塔山因界設守八年展界安兵十四處安海寨守備一千總一把總一兵四百八十名小龍源山十名馬坪山十名日湖山十名衙口山二十名竿頭寨遊

擊一千總一把總一兵四百四十名竿柄臺十
名觀樹塔山十名東安十名蚶江二十名南岸
水頭一百三十名鷓鴣寨守備一兵一百
五十名潯尾把總一兵八十名徑邊十名今從
泉州陸營撥守七汛東石千總一兵一百名鷓
鴣把總一兵一百名圍頭
福全把總一兵一百五十名竿頭把總一兵百
名深滬烏潯兵一百名永寧兵一百名水頭蚶
江祥芝千總一兵二百名又從泉州城守營撥守一汛溪邊浯埭
二十名候閱定

隋始置泉州於今福州地而於今泉州地置南
安郡唐景雲二年始改泉州爲閩州而別置泉

州於南安地屬閩州都督府此今郡所自始也郡北有清源山一曰泉山通志引漢書顏師古註指此爲東越王所據之泉山然考師古之時乃唐貞觀初所云泉州即今福州也其非此山明矣城建於唐其衙城北樓有歐陽詹貞元九年記尚存閩忠懿王王審知刺史畱從效擴大之周二十三里有奇門六從效建牙時樓櫓甚壯自刺史陳洪進納土於宋始命撤之唐時西

郭外有西禪寺刺史王延彬妹爲尼居之延彬爲拓城而包之於内城北松灣又有崇福寺蔡尊師葬在焉陳洪進又拓而包之於内宋紹定中郡守游九功元至正中監郡偰玉立又屢拓之於是其城益大至周三十餘里而佩斜不正土人呼爲葫蘆城元時又呼曰鯉魚城皆以形似也相傳初築城時遶城皆種刺桐故又有刺桐城之名閩王審知者光州固始人也曾祖友

祖蘊玉父恁生子三人長曰潮次審邽次審知唐末盜起江淮潮與壽春王緒劉行全爲羣盜流刼至汀漳緒以糧少令於軍中曰敢以老稚從者斬潮獨與兩弟奉母以行緒欲斬其母三子泣請得釋已而軍中共叛緒殺之推潮爲主觀察陳巖表爲泉州刺史巖死潮盡有延建五州之地乾寧中拜威武軍節度使潮疾表審知爲副後遂繼潮爲節度使居福州而審邽亦以

泉刺史累進威武軍節度使居泉州唐昭宗在鳳翔審知奉詔得承制除授審邽卒審知以墨勅授審邽子延彬權知泉州事尋實授焉審知儉約好禮其下勸以建國審知不從曰我寧爲開門節度不作閉門天子卒子延翰嗣延翰建國稱王然猶稟唐正朔審邽子延鈞弑之而自立更名鏻僭號改元龍啓又改永和鏻淫暴子繼鵬弑之而自立更名昶改元通文審知少子

延義弒之而自立更名曦改元永隆都將朱文進弒之篡居其位以黄紹頗守泉州永春人留從効者泉州軍將也攻殺紹頗而迎審邽孫繼勳爲刺史歸於富沙王延政延政亦審知子也先是曦命延政爲建州節度使封富沙王曦性淫暴延政數以書諫曦怒遣杜建崇監其軍延政逐之即建州建國號曰殷改元天德至是從効及汀漳二州皆歸之延政據有三州南唐兵

至延政紿福州人曰南唐助我也福州人遂殺
朱文進而自歸旣而南唐克建州延政降而留
從効亦執送繼勳自領漳泉二州留後南唐主
李景建泉州爲清源軍授從効爲節度使尋封
晉江王而福州竟入於吳越從効勤儉愛人王
氏雖亾事其家甚謹數發間使自通於周世宗
宋太祖尋卒無子衙校張漢思自稱留後而仙
游人陳洪進又逐而代之洪進起戎伍爲王氏

軍將留從効之殺黄紹頗也洪進有力焉遂事
從効爲統軍使至是南唐主李煜即以洪進爲
清源軍節度使時宋太祖已下揚州洪進遣使
自歸乾德二年宋改清源軍爲平海軍授洪進
節度使又官其二子文顥文顥太宗即位洪進
納土歸朝居京師而泉郡始隸於職方矣按潮
兄弟三人並以孝弟忠謹崛起爲一方之長雖
子弟不類墮其家聲而閩人思之不絕吳越王

錢昱既有福州命卽審知故宅爲忠懿王廟而泉亦有王刺史祠祀潮於崇陽樓自潮始起於泉而審知審邽及邽子延彬延鈞延美延武邽孫繼崇繼嚴繼業繼勳相繼爲泉刺史當搶攘割據之時能保其境土爲民扞難不可謂非貽謀之善潛德之報也後又繼以畱陳亦在泉境泉雖支郡實爲一方治亂所關故詳志之以爲後鑒云

海疆至同安復折而北故泉郡之海在城之東面其南面之水曰晉江合安溪之藍溪永春之桃溪南安之金溪僉會於城西以晉南渡時衣冠之族沿江而居故以晉名至臨漳門有石卓立如筍曰筍江臨漳門者城之西南門也岸傍一山俯瞰江流有大石從山腰至麓長二百餘丈又揷入江底宋初僧定諸建塔於石上因名石塔山皇祐初造舟爲梁曰履坦紹興閒易以

石江又東至德濟門外曰浯江宋嘉定間爲橋
曰新橋江又東逕𣻉石在江之南流甚險萬曆
間建塔以鎮之江又東逕法石在江之北又東
爲蚶江至岱嶼而入於海北面之水曰洛陽江
納惠安及本邑之水自康溪達於濠市至番公
陂又合惠安沙溪之水東至烏嶼岱嶼合晉江
而入於海沈存中曰水以漳洛名者甚衆水落
於下謂之洛舊號落洋九域志作樂洋山或曰

唐宣宗至此謂風土大類洛陽故名竟不知誰是岱嶼籌海重編作岱隊新圖又作大墜又有小墜附其旁傳訛甚矣閩書岱嶼在海中介石湖北鎮兩山間亦曰岱隊門水深三十托商船入泉州港者必由此此郡之水口山也海舟由此二日至高華嶼又二日至鼊鼊嶼又一日至琉球國

安海堡在大盈港北與南安之鷄籠山相對在

郡城東南六十里古之安平鎮也原名灣海宋開寶中有安連濟者唐安金藏之裔孫也徙居於此土人遂易灣海爲安海金藏本太常樂工則天時剖心以翊衞睿宗則天高其義命輿致禁中選高醫䟽桑紕紩之閱日而蘇開元間封代國公配享睿宗廟庭其後人至今猶在宋爲安海市東曰舊市西曰新市海舶至此就榷號石井津建炎間創石井鎮設鎮官紹興中鎮官

方姓者築城以備海寇明嘉靖二十七年邑令盧仲佃邑紳柯實卿甃以石萬曆三十四年添設通判館時一駐之有石井書院以泉不混潮故名舊名鼇頭書院宋吏部郎朱韋齋公松紹興初嘗爲鎮官公餘進秀民訓迪之子侍講考亭公熹後二十年爲同安簿時至鎮與父舊客講論經義鎮人益勤於學嘉定四年鎮官游絳因士民請白郡守鄒應龍於鎮西爲書院繪二

先生像而祠焉命涂倅在董其事在文公子也

傳伯成爲之記勒於祠旁

東石在安海東有獅頭獅尾二寨夾之產牡蠣

最佳初生如拳石四面漸長有一二丈者房中

輒有一肉大者如馬蹄小者如指頂海人火灸

而取之謂之蠣房亦名蠔袍亦名蠔山又一種

生海中大如杯曰草鞋蠣東爲洒洲塲稍南爲

白沙湖可通安海港港南一小嶼曰北椗賊衝

也澳内可泊北風船百餘渡彭湖商船嘗於此放洋北上商船欲轉圍頭嘴者常泊此候風天啓壬戌設陸兵一營乙丑以省餉撤

靈源山題本作龍源山誤新圖亦作靈源一名吳山延袤四里山頂大而平又名太平山山麓有吳明宫又名吳明山宋時有吳明兄弟隱此也山高峻出於東南諸峯之上有石曰望江石南瞰大海如在眉睫絶頂有靈泉大旱不竭有紫雲峯宋林知

先生隱處死即葬於此旁有華表山與靈源相
負立有元時菴奉末摩尼光佛云爲老子西入
流沙所化與他佛因緣異稍西十里爲羅裳山
山之東有五髻峯嘗有異人畫馬於峯前石上
每天陰鄉人見馬馳驟旋即入於石疑即遷界
中所謂馬坪山也有龍湫六井各相去半里所
或在高原或在平田而泉脈貫通汲一井則五
井皆動往往有龍出入井旁樹木時有龍爪痕

城南山大者有吴孤横画四山横山长数里横
郡治南下有画船浦沙面蹙纹时作船像帆樯
皆具其帆势所向可以验风之南北南十里有
萧妃村唐文宗母贞献皇后家所在也妃初为
建安王侍者生文宗及帝即位册尊为皇太后
太后去乡时有一弟命帝求之有茶纲役人萧
洪妄自言太后名见呜咽不自胜拜金吾将军
简较户部尚书两授节度使而太后真弟故在

孱弱不能自通有蕭本者探得其內外宗屬遂詣闕發洪之詐且稱巳眞太后弟詔追洪鞫問具服賜死拜本贊善大夫追封三代巳復有晉江令蕭弘自稱太后弟徵詣闕三司按問兩人皆僞帝下詔曰皇太后齊梁望族僑寓閩中慶靈鍾集早歸椒掖終鮮兄弟常所咨嗟而姦濫之徒因緣假托乞沐墮桑既無可驗鑿空作僞豈得更容本可長流愛州弘流儋州由是太后

卒不得眞弟而蕭妃村之名獨存土人又名爲燒灰村焉有樝壁港洩横山以南諸水又南有陳坑港則滙井尾埭諸水皆入於海

陳埭以陳洪進所築故名一名吳埭以其爲浯江之委也受羅裳東北諸澗之水入於海鄉曰陳埭鄉百鮮所聚地多衣冠茂族今置寨稍北爲溪邊寨也

潭石鎮有東山亦曰高甲山有井方丈餘海潮

時至終不相混色嘗甘美葛洲溪合南安以下九十九溪之水流其下滙爲煙浦埭出六斗門而入於海

日湖以日所出也故名一稱石湖在陳埭東舊浯嶼水寨徙於此可泊南北風船六十餘有金釵山兩支對插如釵股宋政和間僧祖慧宗什等謂其地類明州育王建塔於兩支相交處殊瑰壯左股崛起一峯有石圓淨名鏡石峯西小

巖名石獅巖相傳宋有僧貌類獅者隱於此或
斲巖前石爲泗州大聖像又名泗州巖又東有
提障飛沙以護田久而圮萬曆間寨師沈有容
令兵船出汛者必載石以歸因以甃提因得復
故名沈公提舊於此設汛提寨相去里許有豐
山寺寺前列石磊砢如羣羊爲遊者所賞旹江
以南初遷之境至此而盡矣
圍頭灣在洒洲塲之極東一山横出海外爲安

海港之門戶故有巡簡司設於十四都地去縣

百里宋時眞德秀移戍軍於此

福全所在圍頭北八里有城隸永寧故設屯種

旗軍五百七十五名可泊北風船十餘北爲圳

上澳亦可泊北風船十餘又有大雷澳皆要衝

也北至永寧南至料羅各一潮水

烏潯故設巡簡司在十六都地南臨大海東接

深滬西連福全

深滬故設巡簡司在十六都去縣七十里東濱大海北永寧南福全可泊南風船四十餘地有石壁山一名獅山舊志引陸魯望云列竹海澨曰滬蓋設以取魚故魚之躍出者爲跋扈也豈昔爲漁市故遂以名其地歟有石刻深扈二字相傳爲羅隱書傍有崇眞寺祀眞武神寺有井歲旱不竭底穿石竇𧆼䕫井左爲彌陀山有井名天竺一井右爲青山市心係有井名寶泉皆甘

美給一方用地無蚊蠅相傳亦羅隱所識也明詹仰庇詩云層崖分五澳疊屋聳孤岡風土魚蝦市丘園粟麥鄉北有佛堂澳亦海寇出入必經之地

觀樹塔亦名關索塔西爲竿頭寨與靈源接北爲蚶江寨與日湖接

永寧衞有城周江夏所築舊設旗軍六千三百九十五名地在邑東南六十里東濱大海北界

祥芝南連深滬爲泉襟裾嘉靖乙未爲倭所陷屠殺兵民俱盡倭退後調泉南遊擊駐守可泊南北風船三十餘有益輔山擁抱衞城之後一名朝陽山以先受日光也又名瑞海又以上有圓石如珠亦名驪龍山有仙人山在城中巨石盤礴上有仙人跡其石穿出城外半里許控扼海濤嶔嵒崟崎文如篆籀奇怪莫可名狀皖人阮自華始表異之邑人黃克纘詩云浪有千層

皆白練石無一片不連花又有象山亦在城中形如伏象

祥芝澳在二十都故有巡簡司距縣五十里東面大海南接永寧北臨支海與崇武相對澳內可泊南風船五十餘支海中有臭塗可泊南北風船二三百皆極衝地也有寶蓋金鞍二山俗呼寶蓋曰大孤金鞍曰小孤相傳有辜氏二女没而靈異土人廟祀之故曰大辜小辜久而訛

曰孤夫孤之巔有石塔宋紹興中僧介殊募建而俗謂之孤山塔又或訛爲姑嫂塔謂昔有姑嫂二人皆爲舶商婦商入海不返二女搆塔而望之其即二辜之訛歟今塔中刻石爲二女像游女拾甓以擿之云中者當生男子也小孤之上有石室四面無路但可從峯頂縋而下有趙永嘉者隱於此永嘉或云宋人與考亭同時或云元人與虎岫嚴僧嘉善交其在石室也獨處

無侶虎爲守戶人餇以食輒酬之草葉一榼其人不解所謂攜歸以飼牛牛輒熟睡不起始驚異再就汞嘉詢之汞嘉則又予以他草令置牛前牛乃復起更求之則不可得矣因名其草曰祥芝祥芝之名始於此明有高士趙復字無疾博學好古爲一方所嚮慕年九十五卒學人私謚莊節先生虎岫巖在大孤南五里許巖石光潤林木葱蒨與海上諸山絶異每八九月爲士

女遊嬉之地

法石山在郡東南濱於浯江之北度可與浯埭相對陳洪進常築壇於此北向呼萬歲亦曰萬歲山下有法石院洪進妻及女葬其後宋有碧霄道人隱此既没南外宗正趙必𤅢作詩弔之

地產荔枝蔡忠襄荔枝譜有法石白出於泉州法石院色青白其大次於藍家紅藍家紅亦出泉州兄弟二人圭爲太常博士丞爲尚書員外

郎晉江荔枝五月熟者爲早紅爲桂林爲金鐘王十朋爲泉守有荔枝詩八章稍東爲鷓鴣寨地有堯花山以土赤爲堯花故名明蔡文莊公清葬於此再東爲後渚臺三面距海外即岱嶼矣折而西北爲徑邊臺再西爲烏嶼

烏嶼四面皆水嶼上可居宋寶祐中僧道詢募建石橋名鳳嶼盤橋長四百餘丈廣一丈六尺

比洛陽橋長加四百尺闊高一尺海中遥望二橋横跨若二虹然今已廢僅存南岸三水門屬於興而已道詢少遇丫角道人授以丹術徹悟崇乘勤行精進遠近信之又嘗搆橋於峯崎瀨窟而隱於白沙湖築堤捍海而田其中一日潮至將毀其堤道詢舉扇揮之曰海至大不能讓尺寸地耶潮爲却行更西爲洛陽橋

洛陽橋始名萬安渡極危險慶曆初郡人陳寵

擬作橋不就皇祐間僧宗巳募貲累年亦不就
會端明殿學士蔡忠惠公襄來守郡始作石橋
始於皇祐五年成於嘉祐四年壘趾於淵釃水
四十七道長三千六百尺廣丈五尺翼以扶欄
費金錢一千四百萬橋心有洲置關其上晉惠
二邑之界也相傳經始時淵深不可趾忠惠爲
檄使隸人入海投之龍隸謂入海必死大醉卧
沙上覺而視其檄則已易矣忠惠啓閲之止一

酺字喜曰神告我矣蓋謂廿一日酉時潮退趾可立也及期果然橋遂得成或又移此事屬之明郡守蔡錫不知何據橋之北題曰洛陽之橋趙岍書又有亭曰濟亭趙不駘書曰而忠惠手書碑立於橋旁今隷人猶祠於橋中央之洲上忠惠又嘗種松七百里於閩部令行者得以避暍暑閩人爲詩二章勒石以謌之一曰道旁松

一曰洛陽橋

閩卷上終